CW00384178

Échos de l'Invisible

Theo BARBER

Avant-propos

Bien le bonjour !

Dans mon livre, je vous invite à entrer dans ma tête au travers de ces vers qui vous feront voyager dans l'abîme de mon esprit. Vous y trouverez des poèmes qui matérialisent mes pensées, dans lesquels vous pourrez très certainement vous retrouver.

J'ai choisi d'écrire ces poèmes pour pouvoir poser des mots sur mes sentiments et les modeler à l'image que j'en ai. Je les ai écrit sur mon temps libre, souvent tard le soir, au moment où je pouvais me retrouver seul avec moi-même. J'ai choisi de vous partager mon esprit sous cette forme pour que vous puissiez, je l'espère, prendre plaisir à le visiter.

Je ne vais pas m'appesantir plus longtemps : bon voyage !

Sommaire

Sommaire

À ma famille,

À mes amis,
À mes enseignants.

Nouveau départ (le 4/10/23)

Sous l'emprise du doute,
Prisonnier de l'anxiété,
Tu demeures en déroute,
Présumé vaincu, par tes propres pensées.

Une lueur subsiste,
Une lueur d'espoir,
Un espoir qui existe,
Et auquel tu dois croire.

Il est temps,
Temps d'aller de l'avant,
D'oser, de le faire fièrement,
Il est temps de vivre au présent.

Entend cet hymne,
Nourris-toi de savoir, d'art,
Et que ce début d'automne,
Marque ton nouveau départ.

Mes amis (7/10/23)

Dans l'obscurité totale,
Une lumière me guide,
Dont la clarté astrale,
Rend mes pensées impavides.

Une lueur qui me console,
Qui en sa compagnie m'anime,
Avec qui je prends mon envol,
Vers des horizons sublimes.

Des souvenirs précieux,
Flirtant avec le bonheur,
Nous sommes ensembles si heureux ,
Le dernier au revoir, inévitable malheur.

Cette flamme me conduit,
Près de moi chaque jour,
C'est vous, mes amis pour la vie,
Dans mon coeur, et ce pour toujours.

Mon frère (9/10/23)

Toi que j'ai vu grandir,
Toi, ce petit garçon rêveur,
Poursuis tes rêves sans faiblir,
Et surtout fais le sans peur.

Tu deviens grand,
Construis ton avenir,
Mais n'oublie pas le temps,
L'enfance, on ne peut y revenir.

Aies faim de savoir,
Sois content des petites choses,
Profites sans t'en vouloir,
Et surtout, fonce, oses !

Rêves loin, rêves grand,
Continue de rendre fiers les parents,
Le monde est à tes pieds,
Alors baisses-toi pour le ramasser.

J'ai hâte de revoir mon pays,
Le soleil et les champs fleuris,
Retrouver ma petite maison,
Redécouvrir d'anciens horizons.

Visiter mon si beau village,
Aux clochers, aux maisons sages,
Que j'ai depuis mon plus jeune âge,
Imaginé comme mon petit nuage.

Que de bons souvenirs,
Dans un passé pourtant si récent,
Je m'interroge tant sur ton devenir,
Moi qui tout ce temps suis absent.

Mon petit village, mon havre de paix,
Sous le doux soleil, où le temps s'est arrêté,
Les visages familiers, les sourires bien-aimés,
L'âme de mon enfance y demeure préservée.

Si t'aimer… (13/10/23)

Si t'aimer devait m'ôter la raison,
Je serais le plus insensé des vivants,
Je sèmerai alors la confusion,
Dans tous les esprits bien-pensants.

Personne ne saurait dire
Si je suis fou de t'aimer
Ou si ma folie est fondée
Dans le bonheur que j'en tire.

Je ne crains de plonger mon regard
Dans l'abîme de tes yeux profonds,
Pour y contempler la perfection
La plus belle des oeuvres d'art.

Si t'embrasser me conduisait,
Aux enfers les plus maudits,
Je pourrai ainsi me vanter,
D'avoir pu goûter au paradis.

Mon papa (18/10/23)

Dans le silence de nos vies bien trop pressées,
Les mots d'amour se sont longtemps cachés.
Mais à distance, je réalise, cher papa adoré,
Combien notre lien est fort, combien il est scellé.

Ta présence, ton soutien, tout ce que tu as fait,
Au fil des années, ton amour jamais ne s'est défait.
Les gestes, les sourires, les conseils partagés,
En moi, pour toujours, ils resteront ancrés.

La distance qui nous sépare aujourd'hui,
Rend notre amour plus précieux, plus infini.
À travers les kilomètres, je ressens ton énergie,
Mon cher papa, tu es ma plus grande mélodie.

Dans nos désaccords, nos visions divergentes,
Tu es mon héros, mon repère dans la tourmente.
Fier de l'homme que tu es, de tout ce que tu représentes,
Mon papa, mon héros, en toi je puise ma flamme ardente.

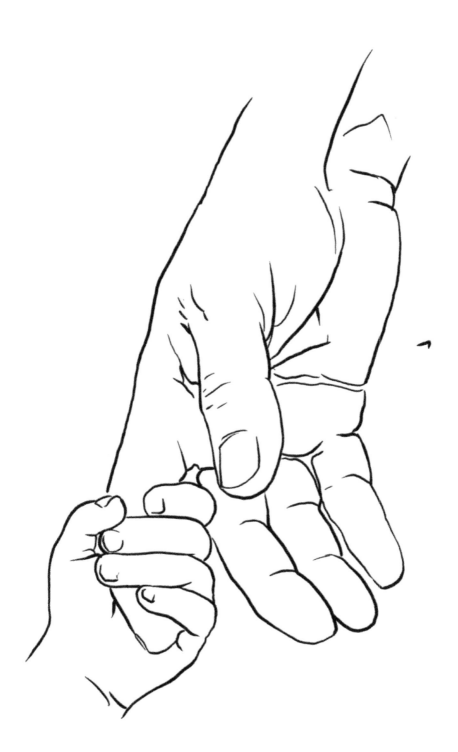

Ma maman (19/10/23)

À ma douce maman, ce poème est pour toi,
Pour te dire combien je t'aime, te chanter ma joie.
Tu m'as guidé, élevé, jour après jour,
Dans ces vers, je veux te dire mon amour.

Dans la douceur de l'enfance, j'ai grandi avec toi,
Tes sourires et tes câlins, des trésors chaque fois.
Chaque jour était une aventure, un rêve éveillé,
Grâce à toi, maman, mon cœur ne cesse de danser.

Dans les moments sombres, quand j'étais dans l'abîme,
C'est toi, maman, qui m'as tendu ta main sublime.
Tes paroles de réconfort, ton amour infaillible,
M'ont toujours relevé, rendant ma vie paisible.

Ton amour, ta sagesse, tes mots toujours justes,
Sont des merveilles précieuses, des liens robustes.
Maman, tu es celle qui a éclairé ma voie,
À travers vents et marées, ton amour ne se fourvoie.

Désarroi du départ (02/11/23)

La douleur m'envahit telle une morsure,
La peur me poursuit, chaque nuit je l'endure,
Quittant ma maison, mon coeur se fissure,
Et le désespoir me suit, terrible aventure.

Les souvenirs s'éloignent, tout s'évanouit,
La douleur persiste, l'espoir me fuit,
Je laisse derrière moi la chaleur de l'amitié,
Le désarroi grandit dans cette obscurité.

L'impatience m'anime, brûlante et vibrante,
Là-bas l'espoir luit comme une étoile filante,
Retourner à la maison, ma seule ambition,
Là où la douleur se transforme en célébration.

Le combat est rude, mais l'amour est puissant,
Je ne rêve que d'une chose, revenir triomphant,
Retrouver sur le quai mes si chers parents,
Papa, maman, aujourd'hui revient votre enfant.

Tonton (07/11/23)

Mon tonton, bien plus qu'un oncle, mon ami cher et fidèle,

Complice des joies, des peines, une étoile dans le ciel.

À travers les années, ton amour reste un cadeau précieux,

Ton sourire éclaire ma vie, ton rire est contagieux.

Les souvenirs que nous partageons vivent gravés dans ma mémoire,

Ta sagesse et ta bienveillance, me guident vers la victoire.

Dans tes conseils avisés, je trouve toujours mon chemin,

Tonton, ton amour m'a fait grandir, m'épanouir sans fin.

Mon tonton bien-aimé, douce mélodie de la vie,

Ton soutien inébranlable est une bénédiction infinie.

À travers les vents et les marées, ton amour ne faiblit pas,

Pour toi, tonton, ce poème est un hommage sincère, en tout temps, en tout lieu, ici et là-bas.

Tonton, tu es une étoile brillante dans le firmament,

Mon ami, mon confident, mon joyau scintillant.

À travers les rires et les larmes, tu es mon éclaircie,

Pour ton amour et ta présence, je te dis merci.

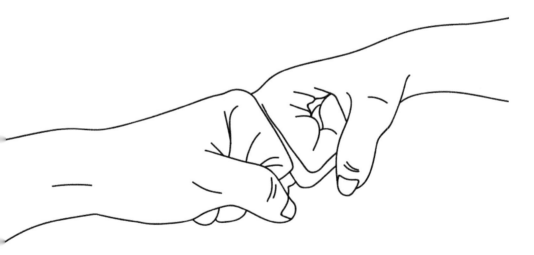

Dans l'ombre je m'insinue, silencieuse et rusée,

Mes serpents d'inquiétude sifflent dans l'obscurité,

Les murmures de ton passé hantent tes nuits étoilées,

Et moi je te pousse vers l'abîme, loin de la sérénité.

Je sème dans ton esprit les graines du doute,

Et je récolte ma victoire : ta déroute.

Tes pensées incessantes m'alimentent,

Je grandis en toi comme grandit une plante.

La clarté s'amenuise, noyée dans ma brume dense,

Chacun de tes pas devient lourd, ton coeur bat en cadence.

Ton coeur bat plus fort, tes pensées s'agitent,

Dans ce tourbillon sombre où l'angoisse habite.

Mais souviens-toi, mon ami, que tu es bien plus fort,

L'espoir brise mes chaînes, laissant place au confort.

Dans la douce lueur de ton âme , ton courage grandit,

Là où règne la paix, là où l'espoir s'épanouit.

Signé : ton anxiété

Le temps (09/11/23)

Le temps, joyau insaisissable,
Appartient à l'univers, inaltérable.
L'argent, futile, ne forge pas l'instant,
Chaque seconde, un trésor palpitant.

Remonter son cours, un songe inutile,
Une merveille d'instant, une douce idylle.
Le tic-tac des aiguilles raconte,
Le passé s'efface, écho qui monte.

Mais le temps, froid artisan du destin,
Forge aussi la douleur, trame sans fin.
Les larmes tombent, comme gouttes de pluie,
Sur son cadran, où il esquisse notre vie.

Le bonheur réside dans l'ivresse,
De vivre le temps, douce allégresse.
Chérir l'instant, malgré l'ombre qui s'étire,
Entre le bonheur fugace, et la douleur à saisir.

Dans l'aube de ma quête, vos enseignements ont allumé
La voie vers le savoir, m'invitant à rêver.
Chaque leçon fut un joyau, sculptant mon destin,
Grâce à vous, aujourd'hui, je suis là, en chemin.

Maintenant, dans ce lieu de savoir et de passion,
Vos enseignements résonnent, de précieuses leçons.
C'est grâce à vous que je poursuis mon ascension,
Votre impact, bien au-delà de la simple éducation.

Vous m'avez appris la force de la connaissance,
Mes enseignants, les véritables architectes de ma science.
Dans le livre de ma vie, vos pages restent gravées,
Maîtres de la sagesse, guides de mon envolée.

Ma formation actuelle, cet objectif réalisé,
C'est votre influence, votre savoir partagé.
Pour vous, enseignants, ma gratitude est infinie,
Vous êtes les étoiles qui illuminent ma vie.

Papi (12/11/23)

Dans le crépuscule de nos jours partagés,
Papi, toi, l'âme douce qui m'a tout donné.
Confident des secrets, maître des sagesses,
En toi, chaque instant se vêtit de tendresse.

Meilleur ami, guide au savoir infini,
La sagesse de tes mots, des trésors sans prix.
Mon cœur résonne au rythme de ta présence,
Papi, pilier, essence de mon existence.

De ta sagesse, je tire un héritage précieux,
Chaque conseil, un enseignement prestigieux.
Les mots que tu tisses sont une mélodie,
Une symphonie d'affection, une douce harmonie.

Les saisons défilent, mais toi, immuable,
Papi, source inépuisable d'un amour véritable.
Dans le livre de ma vie, tu es la plus belle page,
Un poème éternel, écrit avec le cœur, en hommage.

Joli pavillon (14/11/23)

Dans le doux pavillon, secret édénique,
Un havre de paix, loin du tumulte tragique.
Jardins en éclat, refuge enchanteur,
Où l'âme respire, où l'on vit en douceur.

Les brises murmurent des contes apaisants,
Les fleurs dansent en rythme, éloge du temps.
Sous l'ombre complice d'un ciel bienveillant,
Les tourments s'effacent pour une mer d'argent.

Les rires des fontaines, une mélodie apaisante,
Accompagnent les songes dans la lumière naissante.
Un havre de paix où le temps se suspend,
Un merveilleux sanctuaire, où le cœur s'étend.

Les rires des feuilles, chuchotis discrets,
Chassent les soucis, les étreintes de regrets.
Au pavillon secret, la quiétude danse,
Enlacement de paix, éternelle romance.

Les cœurs s'embrasent, flammes du désir,
Un ballet enivrant, un plaisir à bâtir.
Hymne à l'allégresse, envoûtement pur,
Une mélodie captivante, un doux murmure.

Entre les lignes du temps qui tourbillonne,
La joie, l'ouragan d'une émotion qui tonne.
Hymne éternel, tendre éclat magistral,
Chantons l'extase de façon triomphale.

Que chaque jour soit un brasier
De bonheur incandescent, à s'y noyer/s'en brûler
Hymne à la joie, déclaration de puissance,
Dans nos cœurs, résonne l'éternelle cadence.

Ondes de lumière, doux souffle du matin,
Rivière d'optimisme qui jamais ne prend fin.
La vie devient une symphonie radieuse,
Refrain éternel, où la joie se fait précieuse.

Sous le ciel du grand Paris, aux rues érodées,
Là où le temps a laissé sa trace, bien marquée.
Des pavés usés, des gardiens du passé,
Des vestiges du temps fièrement portés.

Les ruelles témoignent de l'histoire enchevêtrée,
Dans les plis du chaos, la grandeur préservée.
Un mélange de splendeur et d'usure,
Paris, écorché, mais porteur de culture.

Monuments altiers, les sentinelles du temps,
Aux façades usées qui résistent au vent.
Dans l'éclat des lumières, une noble symphonie,
Paris, cité blessée, mais d'une beauté infinie.

Musées vénérés et cathédrales majestueuses,
Témoignent de la sublimité, riche et précieuse.
Paris, symbole puissant d'une fierté indomptée,
Une ode à la résilience, un hymne à la beauté.

Un amour clandestin (18/11/23)

Dans la clarté nocturne le cyprès se dresse fièrement,
Son ombre mystérieuse cherche un amour persistant.
Un rayon de lune tendre et éphémère,
Danse avec l'obscurité, créant une liaison de lumière.

Ils se croisent dans le silence de la nuit étoilée,
Un amour secret dans l'obscurité dévoilée.
La lueur argentée caresse le feuillage sombre,
Créant un ballet d'amour, doux et sans encombre.

Mais le destin, machine cruelle et impassible,
Sépare ces amants de leur bonheur invisible.
Le cyprès garde en lui l'ombre aimée,
Et rayon de lune s'éloigne, laissant une âme esseulée.

Ainsi, leur idylle reste un conte muet,
L'amour entre l'ombre et la lumière, discret.
Le cyprès se tait mais son écorce a conservé
L'écho d'un amour que le temps ne peut altérer.

Dans la valse d'automne, les feuilles tournoient
Cherchant l'éclat doré, avant la fin du mois.
Dans leur ballet éphémère, danse à la dérive,
Les saisons s'entrelacent, une symphonie vive.

Sous la lueur pâle de la lune bienveillante,
Les étoiles scintillent, une féerie éclatante.
L'hiver, poète silencieux de la terre endormie,
Tisse un rêve de glace, une symphonie infinie.
Le Printemps émerge, les bourgeons s'éveillent,
La nature façonne le renouveau, sans pareil.
Les fleurs s'épanouissent en un éclat coloré,
Le réveil de la terre, douce mélodie enchantée.

L'été éclate, le soleil en roi triomphant,
Les jours étirés, un spectacle flamboyant.
La vie s'anime, parfumée de fleurs,
L'été, l'enchantement de nos jours de labeur.

Tatie (19/11/23)

Dans le doux éclat de ton sourire sincère,
Tatie, amie et confidente, tendre lumière.
Complice des rires comme des pleurs partagés,
Ce poème est tressé de sentiments ancrés.

Dans les étapes de ma vie, tu es un guide,
Un soutien inébranlable, en qui je réside.
Confidente dévouée, gardienne de mes secrets,
À tes côtés chaque fardeau devient léger.

Confiance tissée comme un fil d'or,
Tu es l'assurance quand tout semble discord.
Aide inestimable, épaule réconfortante,
Tatie, source infinie d'une tendresse éclatante.

À travers les saisons, notre lien persiste,
Copine fidèle, jamais l'amitié n'abdique.
Ma tatie, mon amie, ma confidente précieuse,
Que ce poème s'élève comme une offrande chaleureuse.

Échos temporels (19/11/23)

Dans le livre du hier, des rimes éparpillées,
Les pages du passé en poésie enluminées.
Les regrets en couplets dansent en harmonie,
Les souvenirs blessés composent leur mélodie.

Au clair-obscur du souvenir, les ombres s'étirent,
Des images bien-aimées où nos rêves respirent.
Les éclats de bonheur dans la toile des années,
Rappellent doucement la vie qui s'est fanée.

Parmi les mystères du temps, où les secondes défilent,
Les ombres du passé, dansent, habiles.
Les visages familiers, masqués par les saisons,
Révèlent des secrets dans ce vaste horizon.

Aucun retour en arrière, juste le vent du présent,
Un élan plein d'ambitions, un élan entraînant.
Regardons devant sans chaînes ni regrets,
L'instant présent, le véritable trésor à apprécier.

Sous le voile doux de l'aube naissante,
Les étoiles pâlissent, rêves d'une nuit fuyante.
Éclats de lumière tissent un passé oublié,
Dans le silence où l'âme s'éveille à la clarté.

Les ombres dansent leur valse silencieuse,
Au rythme du temps, une mélodie mystérieuse.
Les premiers rayons comme des doigts de fée
Effleurent les pensées et réveillent la beauté.

Les souvenirs endormis, doucement caressés,
Se mêlent aux promesses d'un jour embrassé.
Dans ce tableau d'aurore la vie s'épanouit,
Poème éphémère que le jour nous a écrit.

Sous le manteau sombre de la nuit étoilée,
Les songes éclosent dans une danse ensorcelée.
Le silence devient un complice de l'imaginaire,
Au fil des étoiles, l'esprit voyage sans repère.

Sous le voile nocturne, la lueur timide,
Le soleil émerge, présente son visage intrépide.
Je reste sans mots captivé par l'aube naissante,
Un éveil sacré, une scène éblouissante.

Les cieux peignent des teintes subtiles,
Des roses aux oranges, des nuances fragiles.
Devant ce tableau mon esprit s'égare,
Figé dans l'instant où la nuit se déclare.

Les oiseaux s'éveillent dans un doux murmure,
Saluant le jour, symphonie de la nature.
Les arbres s'inclinent baignés de lumière,
Le ciel s'embrase offrant sa première prière.

Devant ce lever je suis témoin privilégié,
De la magie qui naît lorsque la nuit est évacuée.
La beauté du soleil, un cadeau à contempler,
L'aube révèle la vie dans son spectacle coloré.

Sous le ciel des complices (21/11/23)

À travers les vents contraires et les nuits sombres,
L'amitié persiste, une flamme qui éclaire les ombres.
Compagnons de voyage sur cette route incertaine,
Ils essuient les larmes et partagent la joie sans peine.

Les mots deviennent des ponts entre les cœurs,
Des rires partagés, des mémoires en fleurs.
Quand l'absence se fait sentir, l'amitié perdure,
Un phare dans la tempête, gardien d'envergure.

Mes amis, douce mélodie dans le concert du temps,
Chaque rencontre, note d'une poésie en mouvement.
À travers les pages l'amitié écrit son chant,
Symphonie éternelle d'un amour grandissant.

Sous le ciel complice éclatent les étoiles,
Des liens tissés, signes d'une amitié royale.
Chaque instant partagé, un joyau du présent,
Amour complice, force d'un lien puissant.

Ballet des Éphémères (21/11/23)

Au crépuscule l'ombre danse sa valse,

La nature, en métamorphose, dévoile sa grâce.

Les pétales se transforment en ailes légères,

Et le jardin devient le théâtre des mystères.

Sous la lueur d'une larme de rosée,

Les destins tissent une toile bien tressée.

Chaque pétale est une page du livre du temps,

Où chaque instant se transforme en un doux serment.

Sous le voile du matin vers un monde en éveil,

La métamorphose, une danse sans pareil.

Les bourgeons éclosent tels des vers en liesse,

Chaque transformation est une aube qui se confesse.

Au réveil du jour, une mutation éclatante,

Les secrets de la nuit dansent, une aventure palpitante.

Les étoiles s'éteignent, laissant place à l'éclat du matin,

Chaque évolution, une histoire gravée dans le satin.

Secrets en encre (22/11/23)

Sous la lueur d'une larme d'encre, la plume errante
Rencontre la blancheur de la feuille, vierge amante.
Leur amour, invisible aux yeux du monde ordinaire,
Se tisse en vers subtils, dans l'ombre solitaire.

La plume, ancienne compagne de mille récits,
Dévoile ses secrets à la page dans un écrin infini.
La feuille, attentive, accueille chaque émotion,
Unissant leur destin dans une tendre fusion.

Les mots, gouttes d'encre, s'épanchent avec grâce,
Chantant l'épopée d'un amour qui dépasse.
Les phrases, comme des caresses en filigrane
Dessinent l'éternité d'une passion qui ne fane.

Chaque silence entre les mots est un échange,
Un langage secret, intime, un noble partage.
Dans cette danse de lettres leur histoire s'épanouit,
Écho d'un amour entre objets, d'un lien inouï.

Sculpture de l'âme (22/11/23)

Sous le marteau du sculpteur, la roche se plie,
Accepte chaque coup, en fait sa mélodie.
Elle connaît la douleur, mais voit au-delà,
Vers la promesse d'une beauté qui émerveillera.

Ainsi, l'homme, sculpteur de sa propre destinée,
Doit embrasser la souffrance, parfois inespérée.
Chaque épreuve, un coup de marteau sur son être,
Qui façonne son âme, le transforme, le pénètre.

Dans la douleur, il trouve la force insoupçonnée,
Comme la roche, de devenir une œuvre sacrée.
Chaque éclat, chaque fissure, est une part de son histoire,
Une trace gravée, un pas de plus vers la victoire.

Accepter la douleur, c'est sculpter sa grandeur,
Comme la roche devient statue avec ferveur.
Ainsi, l'âme forgée par les coups de la vie,
S'embellit, rayonne, et créé sa vraie harmonie.

UNE PIERRE QUI NE VEUT PAS ENCAISSER LES COUPS DU MARTEAU NE DEVIENDRA JAMAIS UNE STATUE.

Dans l'océan de son regard, des secrets s'entrelacent,
Un univers parallèle où les étoiles s'embrasent.
Elle incarne la beauté, une énigme sacrée,
Chaque pensée d'elle, sonne comme une poésie enchantée.

Son être est un livre ouvert, aux pages infinies,
Chaque mot, une caresse, un sentiment inédit.
Elle est la lumière qui danse dans mes nuits,
Une éclipse d'âme, où se perdent mes ennuis.

Chaque sourire est une étoile filante de bonheur,
Elle tisse des rêves, dans mon cœur en labeur.
La voir, c'est plonger dans l'essence de l'extase,
Sentir son être près de moi, nos deux âmes en phase.

Elle est la muse des émotions, une symphonie céleste,
Son amour est un poème infini, une étreinte qui reste.
Elle vaut plus que tous les trésors de l'univers,
C'est ma muse, mon trésor, mon bonheur sincère.

L'Apéro (24/11/23)

Dans la douce lumière de l'apéro,
La famille et les amis sont unis par le tempo.
C'est un moment sacré, une pause chaleureuse,
Liens renforcés dans une complicité heureuse.

Les verres tintent, les rires résonnent,
L'amour s'exprime et les cœurs s'accordent.
La convivialité, dans notre douce compagne,
L'apéro tisse des liens qui gagnent.

Amis fidèles, joyeuse assemblée,
Autour de la table, l'âme est apaisée.
Les saveurs se mêlent et les histoires s'entremêlent,
L'apéro, c'est l'hymne à l'amour qui étincelle.

Dans ces moments simples mais si précieux,
L'apéro devient un poème délicieux.
À la famille, aux amis, à l'amour partagé,
Salut à l'apéro, élixir de bonheur ancré.

Harmonie cosmique (24/11/23)

Tel l'homme sur le fil de son existence,
La mécanique dévoile sa toute-puissance.
Gravité des émotions, force qui nous émeut,
Lois intangibles d'une grande symphonie où tout se meut.

Newton trace les chemins de nos vies,
Chaque action, une force qui résonne à l'infini.
Lois invisibles de l'équilibre délicat de nos cœurs,
Chaque pulsation est une étoile dans le firmament du bonheur.

Dans l'éther des relations, une gravité poignante,
Attraction des âmes, douceur divine et vibrante.
L'homme, étoile fragile dans ce noble univers
Navigue entre rêves et réalité, vers des horizons divers.

Ainsi, l'être, nébuleuse dans l'éternel céleste,
Sème ses aspirations et récolte le fruit de sa quête.
Et quand la nuit s'installe, que l'étoile s'éteint,
Son essence persiste, d'une lumière sans fin.

Dans la forêt silencieuse, entre les arbres grands et sages,

Un sentier tissé de mystères, une invitation au voyage.

Une force immuable qui éveille la quiétude,

Quand le chant des feuilles résonne, mélodie en altitude.

La sérénité réside dans l'ombre des frondaisons,

Là où le temps danse en douces illusions.

Le respect est gravé dans l'écorce des géants,

Nos anciens gardiens et témoins du temps.

Les sentiers serpentent, chemins vers l'inconnu,

Dont les arbres dessinent d'étroites avenues.

Les rivières murmurent des contes oubliés,

Bienvenue dans l'entre des âmes en paix.

L'harmonie, dans la symphonie des feuillages verts,

Chaque promenade est un opéra en plein air.

Et le chant des oiseaux, un doux poème aérien,

La forêt, lieu mystique où l'on y trouve son lien.

Ballet du rire (25/11/23)

Dans la symphonie des rires, un remède s'épanouit,

Éclats de joie, une douce mélodie qui guérit.

Chassant l'ombre du chagrin, le rire danse,

Un art simple et si complexe, une tendre romance.

Au cœur des tourments il érige sa lumière,

Un élixir puissant contre la peine la plus amère.

Langage universel dans la fusion des cœurs en liesse,

L'essence même du bonheur, une alchimie enchanteresse.

Le bonheur s'épanouit dans ce rire partagé,

Une sorcellerie simple mais difficile à expliquer.

Que le monde entier s'embrase de ce son,

Le rire, doux baume qui apaise tout frisson.

Comme une brise tendre il caresse nos vies,

Semblable aux échos d'une félicité infinie.

Dans le banal, une magie discrète opère,

Le rire, douce échappée, trésor éphémère.

Éclipse de l'ennui (25/11/23)

Dans l'ombre grise de l'ennui profond,
Les heures s'étirent, un silence moribond.
Le temps enchaîné perd sa raison,
Dans ce désert de l'âme, sans horizon.

Les jours s'écoulent, fades et vides,
L'ennui, comme un spectre, en nous réside.
Les pensées s'éteignent comme les étoiles,
Dans ce firmament terne où rien n'étincelle.

Chaque minute semble une éternité,
Dans la toile de l'ennui, tissée sans clarté.
Les soupirs s'entrelacent, de tristes mélopées,
Au cœur de l'ennui, l'âme est emprisonnée.

Pourtant, dans ce désert, une lueur peut éclore,
Une échappée belle, un rêve à l'aurore.
Il faut trouver la force en soi de transcender,
L'ennui, cette ombre, pour mieux s'envoler.

Sous la voûte obscure un ballet débute en silence,
Lucioles éclatantes, les danseuses de l'ombre en cadence.
Leur lumière est un poème tissé dans le velours de la nuit,
Compose un chant mystique, une étreinte infinie.

Les ailes frémissantes en éphémères étincelles,
Elles tracent des arabesques, des étoiles immortelles.
Chaque mouvement est une strophe dans le livre céleste,
Un langage d'éclats dans un univers modeste.

Des constellations éphémères, les étoiles d'une brève symphonie,
Leur ballet est une ode fugace à la mélodie infinie.
Entre les cieux nocturnes et la terre endormie,
Les lucioles écrivent en lumière un poème abouti.

Dans cette nuit qui respire, étoiles en mouvement,
Chantons le ballet des lucioles, la poésie du firmament.
Ainsi, entre ombre et éclat, le monde s'invente,
Ensemble, plongeons dans cette symphonie, tendre et vivante.

Dans le jardin de la vie, une modeste fleur
Émerge du sol, bravant chaque douleur.
Aux tiges fragiles, aux pétales résolus,
Mais elle danse avec le vent, une valse continue.

Les tempêtes grondent, la pluie inonde,
Mais la fleur résiste, et sa beauté déborde.
Pétales tremblants, mais d'une force insoupçonnée,
Elle sourit au ciel, sa grandeur préservée.

Sous le ciel changeant, où les nuages dérivent,
La fleur s'épanouit, animée d'une ardeur vive.
Chaque pétale est un poème émouvant,
Qui témoigne d'un amour, d'un rêve persistant.

Dans le jardin de la vie une leçon prend racine,
La fleur enseigne que même dans la routine,
Face aux vents de la vie, avec persévérance,
On peut éclore en beauté, en toute élégance.

Songes d'écriture (25/11/23)

Parmi les étagères, un grimoire endormi,
Dont les pages sont celles d'un temps oublié.
Un livre ancien, à la reliure craquelée,
Chuchote des récits, de vieux secrets enfouis.

Sous la poussière des mots anciens,
Les histoires prennent vie, défiant le destin.
Les personnages se lèvent, évanescents,
Pris dans le ballet des phrases, envoûtants.

Les chapitres sont des portes entre les mondes,
Le lecteur s'y aventure, et les sens étonnent.
Des rivages lointains aux cieux étoilés,
L'ouvrage révèle des vérités dissimulées.

Chaque virgule comme un soupir du passé,
Chaque point final est une clé déposée.
Entre les lignes, vers un voyage éternel,
Le livre ancien, gardien d'un sortilège réel.

Cache-cache céleste (26/11/23)

Sous le voile nocturne, les étoiles espiègles dansent,
Un jeu de cache-cache, mystique et immense.
La lune complice sourit à leur jeu d'enfant,
Et la nuit applaudit leur éclat scintillant.

Dans le ciel d'encre, les constellations font la fête,
Chassant l'obscurité, nous offrant des pirouettes.
Et les lucioles célestes, nos rêves éparpillés,
Dans le cosmos en liesse, dévoilent les mystères cachés.

Au firmament, les constellations tissent un récit,
Chassant l'ombre et révélant l'infini.
Une lueur éparse, des songes déployés,
La nuit devient l'écrin d'étoiles émerveillées.

La toile céleste, le tableau de l'immensité,
La Lumière dispersée éclaire, douce éternité.
Nuit éveillée, nos âmes rassemblées,
Devant ce spectacle on ne cesse de rêver.

Cartographie astrale *(26/11/23)*

Sous l'arche de l'âme, des émotions étoilées naissent,
Cartographie céleste où chaque sentiment se dresse.
Vers le bonheur, méridien d'origine, point repère,
Par la peine, étoile sombre, compas du mystère.

Naviguant entre les étoiles de la passion,
Le coeur cherche ardemment sa propre constellation.
La tristesse s'éclipse et laisse place à la joie,
Dans cette carte céleste, seul l'amour est la loi.

En ce cosmos intérieur,nombreux secrets à dévoiler,
Des émotions éternelles vers lesquelles s'orienter.
Sur la carte des cieux, artiste du vivant,
Peins ton tableau, étoile après étoile, instant après instant.

Entre les comètes de larmes et de rires,
Trace ton chemin et deviens maître de tes désirs.
La cartographie céleste des sentiments,
Une œuvre vivante, un monde en mouvement.

Crépuscule des regrets *(27/11/23)*

Sous le poids du dimanche soir, l'angoisse émerge,
Demain approche et la pression converge.
La culpabilité serre, le travail nous empoisonne,
On scrute le temps, chaque seconde résonne.

Insuffisance palpable et tâches inachevées,
On aurait dû faire plus mais l'échéance est relevée.
Le soir s'étire, les regrets s'invitent,
On souhaite un instant de plus, une grâce gratuite.

Coupables de procrastination ou de lenteur,
On veut que la nuit dure, qu'elle nous fasse une faveur.
Le dimanche s'éteint et la crainte persiste,
Demain, l'ombre du labeur, une épreuve qui subsiste.

Au fil des chagrins, l'obscurité s'épaissit,
Demain se profile, l'inquiétude grandit.
Sous le ciel du dimanche, entité qui oppresse,
On rêve d'une pause, d'une douce caresse.

Le poids des adieux, un ciel de tristesse qui s'étend,
Et les étoiles vacillent, pleurant l'amour perdurant.
Chaque souffle rappelle un temps révolu,
Un chagrin profond, comme un naufrage sans issue.

Les jours défilent, mais la douleur persiste,
Les rires oubliés, perdus dans l'ombre du triste artiste,
Et les souvenirs, dansent dans une valse de regrets,
Laissant l'âme errante dans des rêves incomplets.

Les mots se perdent dans l'écho du silence,
Les larmes tracent un chemin, une ultime résilience.
Au cœur de la nuit, les éclats d'étoiles pleurent,
Témoins silencieux d'une peine qui ne se meurt.

Mais dans cette obscurité, une lueur d'espoir surgit,
Les souvenirs, de doux rayons d'amour, infinis.
À travers le deuil, la vie tisse un merveilleux fil d'or,
Là où les absents vivent, éternellement encore.

Dans ton ombre bienveillante s'est tissé un récit,

Un symphonie de dévouement qui résonne en moi, à l'infini.

Tu étais ma gardienne, veillant sur mes jours d'enfance,

Chaque geste était une mélodie d'amour et de bienveillance.

Les échos de ta présence résonnent dans le silence,

Un doux murmure, une brise caressant mes souvenirs d'innocence.
Tu comblais les vides et tissait des instants heureux,

Une toile d'affection, un trésor des plus précieux.

Tes mains, des poèmes gr&vés dans le temps,

Chaque ligne racontant une histoire du monde d'avant.

Artisane de mes joies, magicienne de mes sourires,

Mamie, phare illuminant mes jours sans faillir.

Aujourd'hui ton absence est une mélodie tragique,

Mais dans le silence, je ressens encore ta présence magique.

Mamie, une étoile filante dans le ciel de mes souvenirs,

Ton amour, un océan où je me perds, me retrouve, et respire.

« *Commence par faire le nécessaire, puis fais ce qu'il est possible de faire et tu réalisera. l'impossible sans t'en apercevoir.* »

Printed in Great Britain
by Amazon

40226486R00050